MARVEL

MES PETITES HISTOIRES
avant d'aller dormir

hachette
JEUNESSE

Sommaire

MARVEL

SPIDER-MAN

Les origines

Peter Parker est un jeune garçon qui habite à New York. Orphelin, il vit avec sa Tante May et son Oncle Ben. C'est un excellent élève, ce qui ne le rend pas très populaire au lycée…

Certains de ses camarades ne perdent
pas une occasion pour l'embêter :
– Attention, Parker, se moque Flash Thompson
en le bousculant. Tu as encore fait tomber tes livres !

Un soir, Peter confie son rêve à sa famille :
– J'aimerais devenir scientifique !
– Maîtriser les sciences rend puissant,
lui explique Oncle Ben. Et un grand pouvoir
implique de grandes responsabilités.

La vie de Peter bascule le jour où il visite
un laboratoire scientifique avec sa classe.
Captivé par les inventions présentées,
il ne remarque pas l'araignée qui traverse
des ondes radioactives.

Soudain, Peter frôle involontairement l'araignée, qui lui mord la main en retour. À partir de cet instant, il ne sera plus jamais le même !

En effet, peu de temps après, Peter développe
de nouvelles facultés extraordinaires.
Désormais, il est aussi agile qu'une araignée,
peut grimper aux murs et fabriquer de la toile.

Cependant, le jeune garçon tient à dissimuler
sa transformation. Pour s'exercer à l'extérieur,
il ne sort que la nuit, et se crée un masque
et un costume rouge et bleu, inspirés de l'araignée.

Maintenant qu'il maîtrise ses pouvoirs,
Peter veut gagner de l'argent de poche.
Il s'inscrit donc à des combats de catch.
Devenu Spider-Man, il remporte tous ses matchs.

Un soir, Peter est témoin du cambriolage de la salle de catch. Pour le jeune homme, ses pouvoirs ne sont qu'un moyen de s'enrichir. Il laisse donc filer le voleur et rentre chez lui sans chercher à jouer au justicier.

Là, il voit des policiers garés devant sa maison. Peter court retrouver Tante May et apprend que son oncle a été assassiné. L'homme qui a agressé Oncle Ben se cache dans un vieil entrepôt !

Peter est déterminé à venger son oncle.
Il enfile son costume de Spider-Man et se précipite à l'entrepôt où s'est réfugié le criminel, afin de le trouver avant les policiers.

Dès qu'il le repère,
Peter lui lance
une toile d'araignée.
Il constate alors que
l'homme n'est autre
que le voleur
de la salle de catch.
S'il l'avait arrêté plus tôt,
son oncle serait
toujours en vie !

Après avoir livré l'homme à la police,
le jeune homme décide de combattre les criminels.
Chaque nuit, il devient le justicier Spider-Man.

Peter garde en mémoire les paroles
de son oncle : un grand pouvoir implique
de grandes responsabilités. Car même s'il a
l'apparence d'un adolescent, il est
l'extraordinaire Spider-Man !

MARVEL

BLACK PANTHER

La légende de Black Panther

Il y a longtemps, un astéroïde s'est écrasé dans la forêt du Wakanda. Les scientifiques y ont trouvé une grande quantité d'un étrange métal, le Vibranium. Ils ont étudié sa capacité unique à absorber les vibrations.

Malheureusement, le Vibranium a attiré la convoitise de nombreux voleurs. Pour protéger ses sujets, le roi du Wakanda est devenu le justicier Black Panther et a repoussé les envahisseurs.

Un jour, T'Chaka a hérité de son père le trône du Wakanda. Après un long entraînement, il a gagné à son tour le titre de Black Panther. Aimé de son peuple, le roi a connu de longues années de paix.

Si le souverain endosse parfois l'identité de Black Panther, il est aussi le père attentionné de son fils unique, T'Challa. Avec son épouse Ramonda, ils enseignent tout ce qu'ils savent à leur héritier.

T'Challa sait que son père attend beaucoup de lui.
Il a grandi en le voyant protéger le Wakanda.
Plus tard, le jeune prince souhaite devenir un roi
et un héros aussi noble que lui.

Pendant des années, T'Challa travaille dur pour l'impressionner. Il perfectionne ses techniques de combat avec les Dora Milaje, les guerrières d'élite chargées de veiller sur la famille royale.

Un soir, T'Challa trouve le courage
de parler à son père.
– Je veux passer les épreuves sacrées
pour devenir Black Panther, commence-t-il.
– Non, tu n'es pas encore prêt, le coupe T'Chaka.

Au même moment, Klaw, un super-vilain, lance une attaque contre l'armée du Wakanda pour voler du Vibranium. Klaw a été transformé en pure énergie sonique et porte un convertisseur à la place d'une de ses mains !

Klaw réussit à s'emparer du Vibranium.
Grâce à son énergie sonique,
il emporte son butin qu'il compte
transporter loin du Wakanda.

Cependant, il est bientôt arrêté par T'Chaka, qui a revêtu son costume de Black Panther.
– Tu n'iras pas plus loin ! lance ce dernier.

Mais lorsqu'il bondit sur Klaw, le roi est projeté
en arrière par le convertisseur sonique du méchant !
– Non ! crie T'Challa qui a discrètement suivi son père.

Le jeune homme s'interpose avec son bouclier
en Vibranium.
Hélas, il n'intervient pas à temps pour sauver son père.
Fou de chagrin, T'Challa abat son bouclier sur le bras
du super-vilain et brise son convertisseur sonique !

– Tu me le paieras, grogne Klaw avant de s'enfuir.
T'Challa prend son père dans ses bras au moment où il rend son dernier souffle.
– Ton héritage vivra à travers moi, lui promet-il.

Désormais, T'Challa est le nouveau roi du Wakanda. En tant que Black Panther, il combat également aux côtés des Avengers afin de préserver la paix et la justice dans le monde.

MARVEL

LES GARDIENS DE LA GALAXIE

Une affaire de famille

À bord de leur vaisseau le *Milano*, les Gardiens de la Galaxie viennent de recevoir un hologramme annonçant leur prochaine mission :

– Nebula a volé une arme aux Cohortes de Nova, explique Rocket.

De son côté, Gamora songe à son enfance.
Tout comme elle, Nebula a été adoptée par Thanos.
Le super-vilain les a dressées l'une contre l'autre
en les forçant constamment à s'affronter.

Devenue adulte, Gamora a fui Thanos.
Elle se bat désormais pour la justice aux côtés des Gardiens de la Galaxie, tandis que Nebula est restée avec leur père. Les deux sœurs sont plus que jamais ennemies.

– Allons sur Morag. Je connais Nebula, je suis sûre que c'est là qu'elle se cache, déclare Gamora.
Bientôt, le *Milano* se pose sur la planète et les Gardiens se préparent à arrêter la criminelle.

Déterminée à la trouver en premier,
Gamora précède ses compagnons et court
dans les rues en suivant son intuition.
Nebula est tout près, elle le sent !

La Gardienne descend dans le sous-sol d'un bâtiment
et emprunte un tunnel qui la conduit
dans un laboratoire secret. Elle y surprend sa sœur
qui manipule l'arme volée : une mystérieuse boule.

– Rends-toi et je ne te ferai aucun mal !
annonce Gamora.
– C'est ce qu'on va voir, ricane sa sœur.
Elle appuie sur un bouton et Gamora se retrouve figée,
incapable du moindre mouvement.

– Si tu t'en prends à Gamora, tu auras affaire à nous, lance Star-Lord en entrant à son tour dans le laboratoire.
Les Gardiens de la Galaxie sont venus au secours de leur amie !

– Nous allons détruire cet appareil et t'arrêter, prévient Drax.
– Je s'appelle Groot, menace son compagnon.
– On s'amuse ou on cherche l'efficacité ? questionne Rocket.
– Amusons-nous ! réplique Nebula.

Elle vise ses adversaires et les fige sur place. Mais, plus petit et plus agile, Rocket réussit à éviter le rayon paralysant. Le raton laveur riposte en utilisant son canon à ions !

En quelques secondes, l'arme de Nebula est pulvérisée.
Aussitôt, les Gardiens de la Galaxie retrouvent
le contrôle de leur corps.
– Nebula s'enfuit ! alerte Gamora en se lançant
à sa poursuite.

– Préfères-tu l'affronter seule ? lui demande Star-Lord.
C'est ta sœur, après tout…
– Non. C'est vous, ma vraie famille, et j'ai besoin
de votre aide, répond Gamora.

Agissant en équipe, les Gardiens de la Galaxie encerclent Nebula, pendant que Gamora se jette sur elle pour la déséquilibrer.

– Maintenant, c'est toi qui ne peux plus bouger, ma sœur, se moque-t-elle.

Gamora lui passe les menottes et remercie ses compagnons.
– Je suis heureuse de faire partie de votre famille.
– Je s'appelle Groot ! approuve ce dernier.

MARVEL

SPIDER-MAN

La vraie Black Widow

Spider-Man se balance d'un bâtiment à l'autre. Pour une fois, il n'a aucun criminel à arrêter. Il savoure sa promenade au-dessus des rues de New York quand, soudain, il repère un visage familier sur l'un des toits.

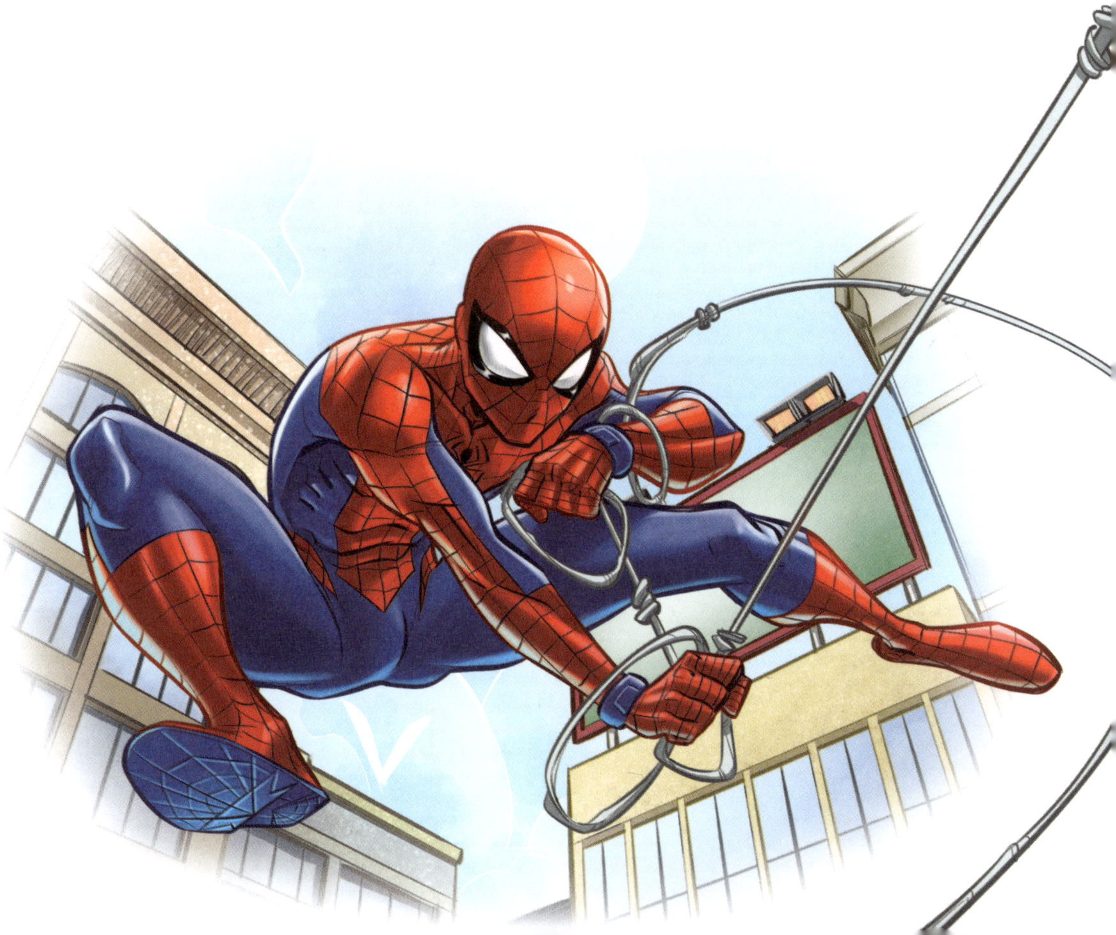

Il s'agit de Black Widow, l'une des membres
des Avengers !
– Qu'est-ce que tu fais dans le coin ? lui demande
Peter Parker en atterrissant à ses côtés.
Il remarque que la jeune femme
fixe la Tour des Avengers.

– J'aimerais les revoir, soupire-t-elle.
Spider-Man est surpris : contrairement à lui, Natasha Romanoff appartient aux Avengers. Alors, pourquoi ne pourrait-elle pas les voir ? Mais il se dit qu'il n'est peut-être pas au courant de tout.

– Pourrais-tu m'emmener à la Tour ?
le supplie Black Widow.
Toujours prêt à rendre service, Spidey accepte.
La jeune femme s'accroche à son cou
et, ensemble, ils bondissent de toit en toit.

À leur arrivée à la Tour, le jeune homme place sa main sur le scanner près de la porte.

– Identité confirmée, dit une voix robotique. Bienvenue, Spider-Man, invité des Avengers.

Les portes s'ouvrent.

Aussitôt, l'héroïne tente d'entrer.

– Ne devrais-tu pas t'identifier aussi ?
intervient Peter.
Black Widow lui jette un regard glacial
qui éveille sa méfiance.
– Bien sûr, se résout-elle en posant sa main
sur le scanner.
Soudain, une alarme retentit.

Ce n'est pas Black Widow !
L'usurpatrice détruit le scanner
grâce à ses gants électromagnétiques.
– Ça suffit ! crie Spider-Man.
Il essaie de l'arrêter à l'aide d'une toile
d'araignée, mais elle l'esquive.

La fausse Natasha s'efforce ensuite
de faire sauter les portes de la Tour.
– Tu n'entreras pas ! assure Spidey.
Alors qu'elle le vise de ses rayons laser,
un bouclier neutralise ses tirs et un éclair
d'énergie frappe le sol à côté d'elle.

En levant les yeux, Peter découvre deux
de ses amis super-héros venus en renfort :
Captain America et Iron Man !
– Prenez garde, ce n'est pas Black Widow !
les alerte Spider-Man.

– On est au courant, répond Steve Rogers.
La vraie Avenger est en mission.
Pendant ce temps, l'usurpatrice repousse Tony Stark.
– Si seulement tu m'avais laissée passer,
Stupide-Man ! crie-t-elle en le visant à nouveau.

– Hors de question que je perde mon statut d'invité, plaisante Spidey en évitant les tirs.
Iron Man plonge sur la fausse Natasha, mais, rapide, elle s'accroche à son dos, ce qui l'empêche de l'atteindre.

Heureusement, Captain America lui lance
son bouclier et la touche aux genoux,
la faisant chuter au sol. Spider-Man
l'enveloppe alors de toiles d'araignée.
– Il est temps de découvrir qui se cache
sous ce masque ! déclare-t-il.

Lorsque Peter tire sur ses cheveux, qu'il prend pour une perruque, le corps entier de la fausse Black Widow se modifie. Il s'agit en réalité du Caméléon, un méchant capable de prendre n'importe quelle apparence !

Tandis qu'Iron Man procède à son arrestation, Captain America félicite le jeune héros.

– Bien joué, Spidey ! Tu seras toujours le bienvenu dans la Tour des Avengers.

– Merci, vous avez les meilleurs jeux vidéo de New York !

MARVEL

CAPTAIN AMERICA

La naissance d'un justicier

Pendant la Seconde Guerre mondiale, l'organisation criminelle Hydra sème le chaos. Ses membres Crâne Rouge, Arnim Zola et le Baron Zemo répandent le mal en Europe.

À New York, le jeune Steve Rogers rêve de s'engager dans l'armée pour défendre son pays. Toutefois, il n'est jamais retenu à cause de son asthme et son physique chétif.

Au bout de sa dix-septième tentative,
Steve est enfin recruté !
– Bienvenue dans le Projet Renaissance, annonce
le Docteur Erskine en accueillant les nouvelles recrues.
Notre but : créer un super-soldat !

Lorsque l'entraînement commence, Steve souffre. Il est toujours le dernier à la course et peine à soulever les haltères. Pourtant, c'est lui que le Docteur choisit pour être le premier super-soldat.

– Vous n'abandonnez jamais, Steve, le félicite Erskine.
De plus, vous êtes déterminé à vous battre
pour la liberté et à protéger ceux qui en ont besoin.
Voilà pourquoi je vous ai sélectionné !

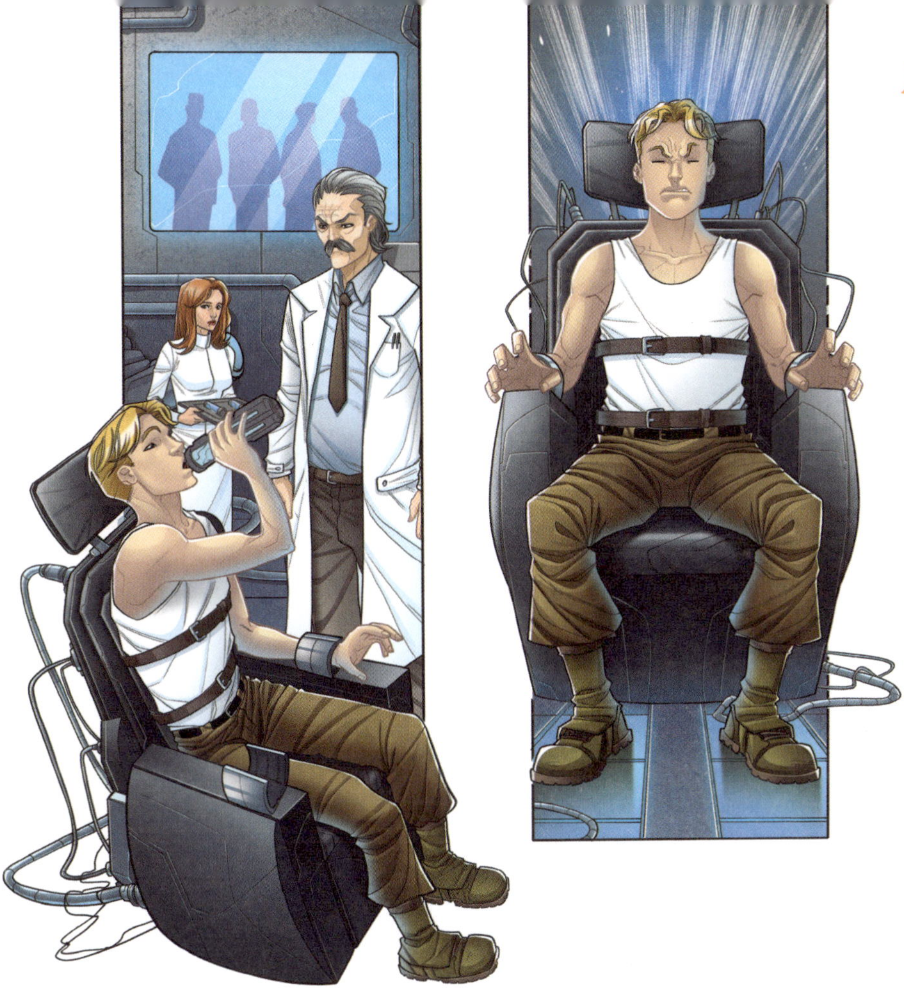

Honoré de la confiance que le Docteur lui témoigne,
le jeune homme est prêt à servir et défendre son pays.
Il boit un sérum, puis il est bombardé de rayons Vita.

En quelques secondes, Steve se métamorphose. Il devient grand, fort et musclé ! Captain America, le premier super-soldat, est né. Il reçoit un nouvel équipement, ainsi qu'un bouclier en Vibranium.

Aussitôt, le nouveau héros se rend en Europe
afin de repousser les nazis.
– Soldats, battons-nous pour la liberté !
crie-t-il à ses troupes sur le champ de bataille.

Captain America affronte également les sinistres membres d'Hydra aux côtés de Bucky Barnes, son meilleur ami. Ensemble, ils parviennent à arrêter Crâne Rouge et Arnim Zola !

À la fin de la guerre, il ne leur reste plus qu'à capturer le Baron Zemo. Après avoir évité les pièges qu'il a placés dans son château, les deux amis s'apprêtent à l'encercler.

– Vous auriez dû vous méfier, se moque Zemo.

Tandis que Steve le ligote, le super-vilain
expose son plan :
– Ça m'est égal, car New York sera bientôt détruite !
– La ville est en danger ! fulmine Steve
au moment où un missile décolle sous ses yeux.

Sans hésiter, Cap se cramponne à la bombe qui l'emmène haut dans le ciel. Le super-soldat en profite pour modifier la trajectoire du projectile, le faisant tomber dans l'océan sous lui.

Hélas, la victoire
a un prix. L'eau dans
laquelle chute Steve
est gelée.
Enveloppé dans
la glace, il reste
inconscient pendant
des décennies...
jusqu'à ce que
les Avengers
le retrouvent.

Revenu à la vie, Steve rejoint alors leurs rangs. Fidèle à ses valeurs, il continue de se battre pour la justice. L'ancien adolescent faible et malingre est devenu un grand justicier !

MARVEL

LES GARDIENS DE LA GALAXIE

Rocket l'inventeur

Après un long voyage, les Gardiens de la Galaxie
se posent sur Blorf, une étrange planète.
Ils ont pour mission d'y récupérer le colis d'un client.
– Ça sent mauvais ! se plaint Rocket.

Il renifle l'air autour de lui.
– Cette planète a une odeur de décharge, et ce n'est guère mieux dans notre vaisseau !
– Tout à fait ! approuve Star-Lord. Tu n'as qu'à nettoyer le *Milano*.

– Mais je voulais partir en mission avec vous !
– Il faut bien que quelqu'un fasse le ménage, tranche Drax en le saluant.
– Je s'appelle Groot, confirme ce dernier, qui choisit de rester avec Rocket.

– Comment Star-Lord a-t-il osé me demander une chose pareille ? proteste le raton laveur après leur départ. Mon truc à moi, c'est les inventions ! D'ailleurs, j'ai une idée…
– Je s'appelle Groot ? demande son ami.

– Je vais trouver le moyen de récurer le vaisseau sans effort, annonce Rocket. Il commence par vider une caisse remplie d'objets en tout genre. Bientôt, le sol du *Milano* est jonché de bric-à-brac.

– J'ai retrouvé mon rayon modificateur
de taille ! s'exclame-t-il.
Voyons voir s'il fonctionne toujours…
Il appuie sur un bouton en visant
son ami, qui se met à grandir.
– Je s'appelle Groot ? s'inquiète celui-ci.

– Excuse-moi, Groot,
bredouille Rocket.
Je rectifie ça tout
de suite.
Il procède
à quelques réglages
et permet à son ami
de retrouver
sa taille normale.
– Il nous faut
un robot ménager
à améliorer,
réfléchit ensuite
Rocket.

Justement, Groot sait où en trouver un !
Il guide son ami jusqu'à un casier de stockage
qui renferme un robot.
– Je s'appelle Groot ! triomphe-t-il.
– Bien joué, le félicite Rocket.

Il effectue quelques réglages sur les circuits
avant d'allumer la machine.
– Au boulot ! ordonne Rocket.
Mais au lieu de faire le ménage, le robot se met
à détruire les objets qui se trouvent sur son chemin !

Puis il s’échappe du vaisseau, sans que Rocket ni Groot ne parviennent à l’arrêter pour le désactiver. Effrayés par l’engin, des Kodabaks, les habitants de Blorf, le capturent à l’aide d’un filet.

– Il n'en est pas question ! crie Rocket.
– Je s'appelle Groot, suggère son ami.
– Bonne idée ! répond le raton laveur.
Il bombarde les Kodabaks
avec son rayon pour les faire rétrécir.
Il profite ensuite que le robot soit
immobilisé dans le filet pour le réparer.
À nouveau fonctionnel, l'engin balaie
les minuscules Kodabaks et retourne
à bord du *Milano* pour les jeter
à la poubelle.

Le robot s'occupe enfin de ranger et de nettoyer de fond en comble le vaisseau.

– Voilà qui est mieux, déclare Rocket, satisfait.

– Je s'appelle Groot, se réjouit Groot.

En rentrant de mission, Star-Lord, Gamora et Drax sont impressionnés par la propreté du *Milano*.
– Beau travail, Rocket, le félicite Star-Lord.
– Je n'ai pas agi seul, Groot m'a bien aidé !

MARVEL

SPIDER-MAN

Une nuit très étrange

Depuis une semaine, Peter Parker, alias Spider-Man, est très fatigué. En effet, chaque nuit, il est réveillé par d'horribles cauchemars ! Ça ne peut plus durer.

Pour faire cesser ses mauvais rêves, le super-héros décide de consulter un spécialiste de l'esprit humain. Justement, il connaît le meilleur d'entre eux !

– Doctor Strange ! s'écrie Spider-Man en arrivant chez son ami. Excuse-moi de te déranger, mais j'ai vraiment besoin de ton aide. En ce moment, j'ai un gros problème…

– ... de sommeil ! devine aussitôt Stephen. Grâce à la magie de l'Œil d'Agamotto, je vais pouvoir visualiser ces cauchemars qui te terrifient, et ensemble, nous allons y mettre un terme !

Doctor Strange pénètre dans l'esprit
de son ami. Dans certains de ses rêves,
Peter est à l'école et il a oublié son pantalon.
Dans d'autres, Spider-Man est vaincu
par le groupe de méchants les Sinistres Six.

– Ton esprit est sous l'emprise d'une force surnaturelle, déclare le Sorcier Suprême, celle du terrible Cauchemar en personne ! Tu vas t'endormir et je te rejoindrai dans tes rêves.

Plongé dans le sommeil, le garçon est à nouveau moqué par ses camarades de classe.
Mais cette fois-ci, Strange est à ses côtés.
– Tu peux contrôler tes rêves, lui dit-il.
Peter se concentre… et sa classe se volatilise.

À la place, Cauchemar apparaît, chevauchant son noir destrier !

– Cesse de tourmenter Spider-Man, lui ordonne Doctor Strange.

– Pas question ! ricane Cauchemar.

Puis le super-vilain attaque Doctor Strange
à coup de sortilèges. Paniqué, Peter voit son ami
esquiver les tirs de son adversaire.
Le jeune héros doit lui venir en aide…
Il se souvient alors qu'il est en train de rêver.

En contrôlant son esprit,
Peter parvient à modifier le cours
de son rêve. Doctor Strange
et Cauchemar sont à présent
sur un échiquier géant,
et c'est à Spider-Man
de terminer la partie.

Le super-héros
se concentre.
Coup après coup,
il combat Cauchemar
sur l'échiquier
et remporte la partie.
Vaincu, le super-vilain
doit battre en retraite !

– Vous avez peut-être gagné aujourd'hui, s'énerve Cauchemar, mais vous n'en avez pas fini avec moi ! Enfin, il disparaît dans un nuage de fumée.

Quelques instants plus tard,
Peter se réveille, le cœur battant.
– Bois cette tisane, lui conseille Doctor Strange
en lui tendant une tasse. Elle va t'aider à te calmer.

Après avoir remercié son ami,
Peter rentre chez lui. Il n'a qu'une hâte :
se mettre au lit ! Et pour la première fois
depuis des jours, il retrouve enfin un sommeil
réparateur, sans aucun cauchemar.

MARVEL

CAPTAIN MARVEL

Une force extraordinaire !

Carol Danvers est une des meilleures pilotes de l'armée de l'air américaine. À bord de son avion, elle est rapide et habile dans ses manœuvres. Elle est également soucieuse de préserver la paix dans le monde.

Repérée par la NASA, Carol rejoint ensuite les services secrets afin de protéger son pays des menaces. Elle apprend que les extraterrestres existent et qu'ils sont nombreux à vouloir détruire la Terre !

L'une des menaces les plus sérieuses provient de l'empire Kree. C'est pourquoi Carol invite leurs représentants au siège de la NASA, afin de conclure un accord avec eux. Mar-Vell, une des dirigeantes Kree, accepte.

Toutefois, Yon-Rogg, un autre Kree, refuse la paix. Il capture Carol à l'aide d'un puissant appareil extraterrestre. Mar-Vell se précipite aussitôt au secours de la jeune femme. Mais pendant qu'elle affronte Yon-Rogg, l'engin explose.

Carol et Mar-Vell sortent indemnes de la catastrophe, mais Yon-Rogg, lui, a disparu.
Finalement, la mission de paix échoue et les Kree quittent la Terre. Quelques semaines plus tard, Carol éprouve de violents vertiges.

Peu après, la jeune femme constate qu'elle a
de nouveaux pouvoirs ainsi qu'une force extraordinaire.
Devenue une super-héroïne, elle prend le nom
de Captain Marvel en hommage à la dirigeante Kree.

Carol s'entraîne à tester ses nouvelles capacités.
En serrant les poings, elle peut envoyer
de puissantes explosions d'énergie photonique.

De plus, elle peut voler par la seule force
de sa pensée. Peu à peu, elle apprend
à maîtriser ses pouvoirs.

Bientôt, Captain Marvel devient la super-héroïne la plus forte de la galaxie. Elle est toujours prête à porter secours à celles et ceux qui en ont besoin, dans chaque recoin de l'univers.

Bien entendu, elle continue à veiller sur la Terre.
Un jour, elle réussit même à arrêter
la trajectoire d'une météorite qui était sur le point
d'anéantir la planète.

Cependant, Carol est toujours la même, animée par l'envie de préserver la paix et la justice. Nommée à la tête de la Division Alpha, Captain Marvel surveille également les menaces extraterrestres. Ainsi, elle repousse l'attaque massive d'une armée alien maléfique, les Chitauri.

En plus de ses missions pour la Division Alpha, elle fait souvent équipe avec les Avengers.

Qu'elle agisse seule ou avec ses amis super-héros, Captain Marvel est une force sur laquelle on peut toujours compter !

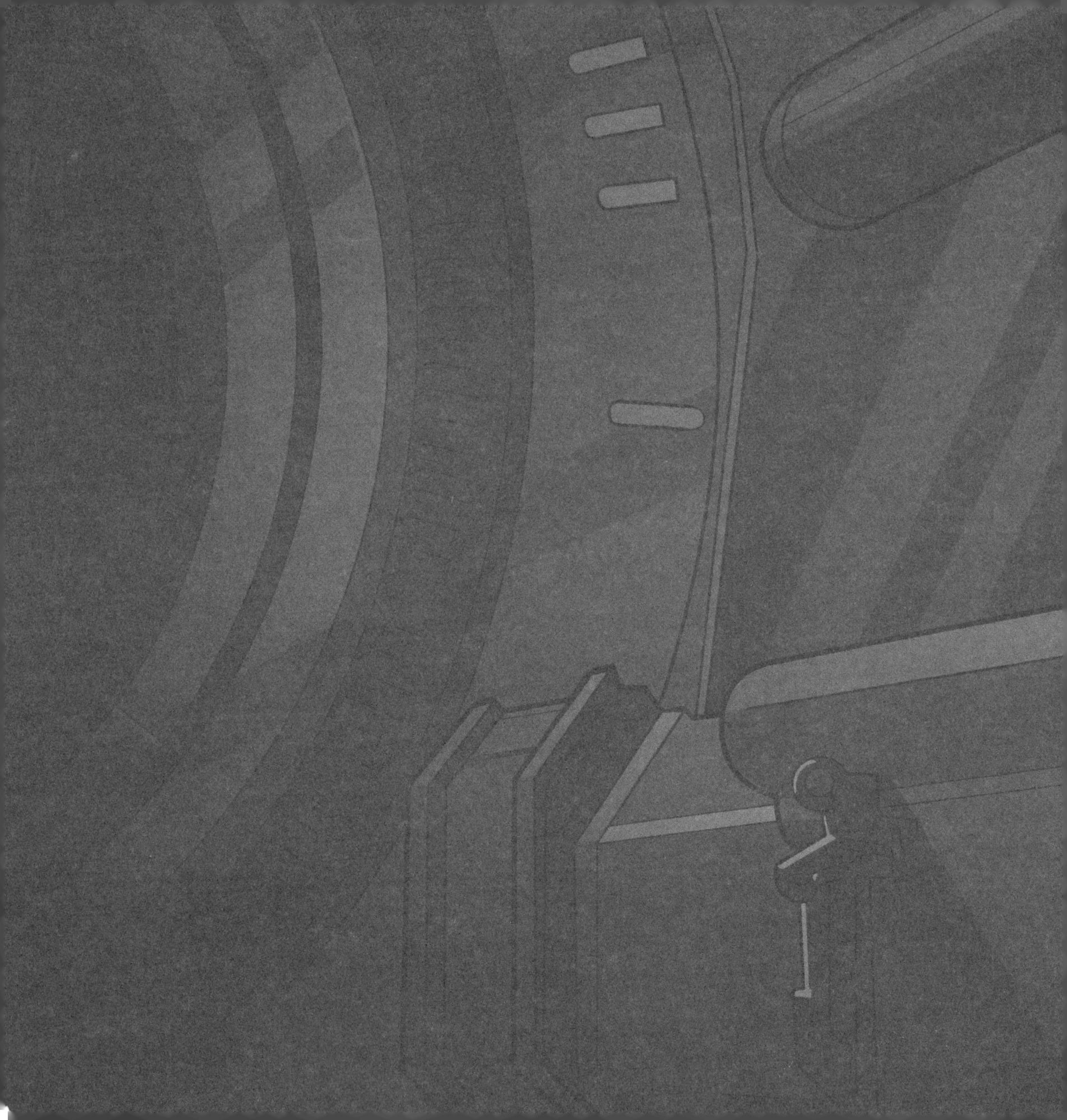

MARVEL
LES GARDIENS DE LA GALAXIE

Un ami précieux

Les soldats Kree ont lancé une attaque sur la planète Xandar. Venus au secours des habitants, les Gardiens de la Galaxie ont appelé les Avengers en renfort.

– Star-Lord, à ta gauche ! l'avertit Iron Man.

Comme les Kree sont des combattants féroces, les super-héros veulent battre en retraite le temps d'élaborer une nouvelle stratégie. Hélas, Rocket n'arrive plus à faire démarrer le *Milano* !

– Répare-le au plus vite ! lui demande Captain America.
– Entendu, je m'en occupe ! Groot, je vais avoir besoin de toi pour vérifier les propulseurs. Attends mon signal, lui indique ensuite Rocket.
– Je s'appelle Groot ! approuve son ami.

Soudain, le petit arbre aperçoit trois Orloni
qui se faufilent dans le vaisseau.
Groot ne supporte pas ces petits parasites sournois !
Il bondit sur les intrus qui se dispersent.

Au même moment, Iron Man s'introduit dans le vaisseau à la poursuite d'un soldat Kree. En essayant de rattraper l'un des Orloni, Groot trébuche sur une arme. Il fait tomber un blaster qui tire et touche l'ennemi !

Sans le savoir,
le petit Gardien vient
de secourir l'Avenger.
Quant au soldat Kree,
il est maintenant neutralisé.
– Bien joué, Groot !
le félicite Iron Man.

– Qu'est-ce que c'est que ce raffut ? s'enquiert Rocket en sortant la tête de la salle des machines.

– Groot m'a sauvé d'un Kree, explique Iron Man.

– Je s'appelle Groot, s'étonne celui-ci, encore surpris.

Il remarque alors une forme qui s'agite dans une des caisses. Un Orloni a voulu s'y cacher, mais à présent, il ne peut plus en sortir ! Groot est satisfait : voilà un parasite de moins sur le *Milano*.

Pendant qu'Iron Man retourne se battre, Rocket et Groot se concentrent sur la panne du vaisseau.
– Il n'y a pas assez de puissance dans les propulseurs, analyse le raton laveur. Quelque chose bloque les tuyaux...

– Je s'appelle Groot ? propose son coéquipier.
– Non, refuse Rocket. Tu n'iras pas à l'intérieur du moteur, c'est trop dangereux !
À cet instant, Groot remarque un autre Orloni qui s'enfuit dans le conduit de refroidissement principal.

Sans écouter les protestations de Rocket, Groot se glisse à son tour dans le tuyau. Il poursuit sa proie jusqu'à ce que l'Orloni soit arrêté par un bouchon fait de saletés.

La petite bête se creuse un passage et réussit finalement à passer au travers de l'obstacle. Tout à coup, un grondement résonne dans le *Milano*. Le moteur fonctionne à nouveau !

– Groot, tu as réparé le vaisseau ! s'exclame Rocket.

Groot ressort du conduit et suit Rocket dans le cockpit.
De leur côté, Avengers et Gardiens de la Galaxie sont remontés à bord.

– Filons d'ici ! crie Star-Lord en décollant sous les tirs de l'armée Kree.

– C'est Groot qui a débouché le moteur, dit Rocket.
– Je s'appelle Groot ! confirme le petit arbre.
Ce dernier est heureux d'avoir pu aider ses amis, mais il se demande où a bien pu passer le troisième Orloni...

MARVEL

SPIDER-MAN

Un nouveau Spider-Man en ville

Miles Morales est un lycéen ordinaire de New York.
Sa vie bascule le jour où son meilleur ami,
Peter Parker, quitte brusquement le cours de sciences.

Miles remarque que Peter cache le masque du justicier Spider-Man dans son sac ! Curieux, le jeune garçon le suit discrètement jusqu'à un étrange laboratoire.

Hélas, Miles finit par perdre la trace de Peter. Pendant qu'il le cherche, il n'aperçoit pas l'araignée génétiquement modifiée qui descend lentement dans sa direction.

– Aïe ! s'écrie-t-il.

L'araignée vient de le mordre à la main. Une fois que le venin s'est répandu, Miles constate qu'il possède de nouvelles aptitudes : il est extraordinairement agile et il sent le danger avant qu'il n'arrive.

Miles est devenu un super-héros, semblable à Spider-Man. Comme lui, il est déterminé à agir pour le bien. C'est pourquoi il se crée son propre costume, qui lui permettra d'opérer sans être reconnu.

Tandis que le jeune garçon s'exerce à maîtriser ses nouveaux pouvoirs, il perçoit que des cambrioleurs sont tout proches. Il hésite : sera-t-il capable de les arrêter ? Finalement, il les prend en chasse !

Il n'est pas le seul sur le coup.
Spider-Man est aussi à leur poursuite.
– À deux, on pourra les arrêter plus facilement, lui propose Miles.
Peter accepte et, ensemble, ils neutralisent les bandits.

Malgré le succès de la mission, Miles se rend compte qu'il s'est mis en danger. Pris de panique, il souhaite disparaître. C'est alors qu'il se fond dans son environnement, comme un caméléon !

– Miles, j'ai reconnu ta voix, l'interpelle Peter. N'aie pas peur. Moi aussi, je suis passé par là. Sais-tu que tu peux lancer des toiles ?
À sa grande surprise, Miles expérimente encore un nouveau pouvoir !

Peter lui montre ensuite comment se balancer
au-dessus des bâtiments.
– Tu as besoin d'un nom de super-héros, réfléchit-il.
– J'aime bien Spider-Man, suggère Miles.

Il y a tellement de méchants
que deux Spider-Man ne sont
pas de trop ! Miles le comprend
rapidement lorsqu'il accompagne
son ami dans ses missions.

Heureusement, Miles prend progressivement confiance en lui et en ses capacités. Avec Peter, ils font tout pour protéger New York et ses habitants.

En joignant leurs forces, ils triomphent des vilains les plus sournois. Ainsi, le jour où Peter est mis en difficulté par Rhino, Miles le maîtrise grâce à son venin ! Il est ensuite félicité par son mentor.

– Si tu veux t'appeler Spider-Man, tu devras faire plus de blagues, ajoute-t-il.
– Qui aurait cru qu'une araignée serait plus forte qu'un rhinocéros ? tente Miles.
– Tu n'as pas encore le pouvoir de l'humour ! le taquine Peter.

MARVEL AVENGERS

Amnésie temporaire

Black Widow et Hawkeye se sont introduits dans la base d'Hydra afin de récupérer les plans d'une arme. Ils sont conservés dans un coffre-fort électronique qui s'ouvre à l'aide d'un mot de passe.

Clint Barton le connaît, mais dans le feu de l'action, il n'arrive plus à s'en souvenir !

– Fuyons ! crie Natasha Romanoff tandis que les robots d'Hydra, qui les ont repérés, se lancent à leur poursuite.

Soudain, un robot assène un coup sur la tête de Clint qui s'effondre, sonné.

– Où suis-je ? bégaie-t-il.

– Ne me dis pas que tu as perdu la mémoire ! s'affole Natasha en rejoignant son ami.

Les robots en profitent pour les arrêter et les jeter dans des cellules séparées.
– Tu vas bien, Hawkeye ? s'inquiète Black Widow.
– C'est moi, Hawkeye ? demande-t-il, confus. Et toi, qui es-tu ?

– Je m'appelle Black Widow, et toi, tu es bien Hawkeye.
Nous sommes des Avengers.
Pour aider son ami à retrouver la mémoire,
elle lui raconte les combats qu'ils ont menés ensemble,
notamment contre Thanos.

Malheureusement, Clint ne se souvient de rien.
– Je suis désolé, madame.
– Ça suffit ! s'agace Natasha. C'est moi, ta partenaire et ton amie !
Elle s'interrompt : un gardien robot approche.

Aussitôt, elle grimpe jusqu'au plafond.
– Où est-elle passée ? s'étonne le robot.
Dès qu'il est à sa portée, Black Widow lui assène un coup de pied si puissant que sa tête se décroche.

– Impressionnant ! la félicite Hawkeye.
– Je sais, merci, soupire-t-elle.
Elle attrape leurs armes et lui tend son carquois et son arc. Ensuite, elle le guide sur le toit où se trouve leur vaisseau.

Cependant, ils sont attendus par les robots, qui ne comptent pas les laisser s'échapper.

– Qu'est-ce qu'on fait maintenant ? panique Clint.

– On leur met une raclée ! réplique Natasha.

Alors qu'elle commence à se battre, deux robots
la piègent en l'attaquant par-derrière.
– Trouve ta flèche à pointe rouge, indique-t-elle
à Hawkeye.
Il renverse son carquois, sans parvenir à la repérer.

En rassemblant ses forces, la super-héroïne écrase
les deux robots l'un contre l'autre. De son côté,
Hawkeye a enfin la bonne flèche.
– Vas-y, tu es le meilleur tireur au monde !
l'encourage son amie.

Les mots de Black Widow résonnent dans l'esprit de Hawkeye. Lorsqu'il bande son arc, la mémoire lui revient. Il vise un rang de robots qu'il neutralise en un tir.

– Je me souviens aussi du mot de passe ! s'écrie-t-il.
Attends-moi ici, je vais chercher les plans !
– Et moi, je m'occupe des robots,
acquiesce Natasha.

Une fois que Hawkeye s'est emparé des plans,
il rejoint son amie et ils s'enfuient
à bord de leur vaisseau.
– Merci pour ton aide, confie-t-il à Black Widow.
Tu es vraiment une partenaire de confiance !

MARVEL

LES GARDIENS DE LA GALAXIE

La planète du silence

Au cours d'une halte sur un astéroïde désert, Star-Lord fait écouter sa nouvelle compilation de chansons à ses amis.

– Peter, s'il te plaît, pas maintenant ! l'implore Gamora.

– Arrête ça ! gronde Drax. Je veux me reposer.
– Et moi, j'essaie de me concentrer sur notre jeu, se plaint Rocket.
– Je s'appelle Groot, ajoute celui-ci en jetant ses cartes avec agacement.

Tout à coup, un bip sonore retentit et l'équipage retourne à bord du *Milano*.

– Gardiens de la Galaxie, articule un alien sur l'écran, le gouvernement de Drakenthom souhaiterait faire appel à vos services.

Cette planète est réputée pour le calme qui y règne.
Malheureusement, des pirates intergalactiques viennent
de s'y installer, troublant la tranquillité des lieux.
– Nous allons vous aider ! accepte Star-Lord.

Arrivés à Drakenthom, les Gardiens de la Galaxie repèrent rapidement les pirates, installés sur une plage.
– Les mains en l'air ! s'écrie Star-Lord en sautant du vaisseau.
Gamora lui lance un regard furieux.

– Quoi ? réplique-t-il sans comprendre.
En guise de réponse, elle pose un doigt sur ses lèvres pour lui rappeler l'importance du silence sur Drakenthom.
– Désolé, chuchote Star-Lord, penaud.

Pendant ce temps, les pirates bombardent les Gardiens de tirs. Mis en difficulté, Star-Lord reprend la parole pour s'adresser à ses amis :

– Obligeons ces pirates à reculer dans les grottes ! indique-t-il.

Son plan fonctionne, jusqu'à ce qu'un immense dragon jaillisse soudain d'une des cavernes. Terrifiés, les pirates fuient loin de Drakenthom tandis que la créature crache des flammes en direction de Star-Lord.

– Peter ! hurle Gamora.
Aussitôt, le dragon tourne la tête dans sa direction.
– Ce monstre est attiré par le bruit, comprend Rocket.
Voilà pourquoi le silence doit régner à Drakenthom !

De son côté, Gamora court vers le *Milano*.
Puisque le dragon réagit au son, elle a une idée
pour faire diversion et permettre à ses amis de s'enfuir.

Star-Lord, lui, est en mauvaise posture :
le monstre l'a acculé contre la paroi d'une grotte !
Au moment où le dragon s'apprête à refermer
ses terribles mâchoires sur lui, il s'immobilise.

Le dragon est fasciné par la musique diffusée
par la radiocassette que Gamora brandit. Il laisse même
les Gardiens de la Galaxie repartir à bord du *Milano*,
et les suit en volant quand le vaisseau décolle !

Les Gardiens le guident jusqu'à l'astéroïde
où ils s'étaient arrêtés plus tôt. Gamora attire
le dragon dans un cratère et lui laisse la radiocassette.
Apaisé, le monstre s'endort avec la musique.

Dans ce lieu désert, il ne sera plus une menace pour personne. Quant au bruit, il sera à nouveau possible sur Drakenthom.
Seul Star-Lord est triste d'avoir perdu son appareil. Ses amis, eux, apprécient enfin le calme !

MARVEL

SPIDER-MAN

L'attaque du symbiote

– Yahoo !
Par ce bel après-midi, Spider-Man hurle à pleins poumons. Il est en route pour rejoindre Miles Morales et Gwen Stacy pour leur séance d'entraînement, quand il entend une vieille dame crier.

– Il y a un monstre gélatineux, là-dessous ! dit-elle
en tendant le doigt vers une bouche d'égout.
– Je ne vois rien d'anormal, la rassure Spidey.
Seulement le charme habituel de notre ville !

Peter rejoint ses amis au labo du lycée de Midtown.
Gwen lui montre le canon à ultrasons
qu'elle est en train de fabriquer.
– Super ! note Peter. On passe à l'entraînement ?

Les trois amis montent sur le toit de l'immeuble.
– J'ai pensé à un nom pour notre groupe, dit Gwen.
Et si on s'appelait « Les arachné-potes » ?
– Apprenez d'abord à travailler en équipe,
rétorque Peter.
Pour le nom, on en rediscutera plus tard…

– Je voudrais vous montrer mon pouvoir magnétique ! dit Miles. Je me suis entraîné.
– Très bien, répond Spider-Man. Essaye déjà de m'atteindre avec ton super-venin.

– Raté, raté… encore raté ! s'écrie Spidey en évitant les attaques de Miles. Concentre-toi sur ta cible !
– Bravo, monsieur je-sais-tout, soupire Gwen.

La jeune fille ressent soudain quelque chose d'anormal. Au même moment, des gens sont projetés dans les airs par d'étranges formes noires ! Miles tisse une toile entre deux façades d'immeubles pour les sauver.

Quand Peter regarde dans la rue, les tentacules se réunissent et forment une créature effrayante.

– Venom ! grogne Spidey.

C'est un symbiote extraterrestre qui a pris possession du corps d'un humain, Eddie Brock.

– Ghost-Spider, assure-toi que tout le monde est en sécurité ! ordonne Spider-Man. Miles, c'est le moment d'essayer ton nouveau pouvoir !
Gwen empêche un mur de tomber sur des passants pendant que Miles passe à l'attaque.

Venom réplique avec ses tentacules, mais Peter lance sa toile et réussit à aveugler son adversaire.
– Ça devrait l'occuper suffisamment longtemps ! dit-il.

Mais Venom arrache la toile de Spidey
et l'assomme d'un coup dans le dos.
– À qui le tour ? rugit le symbiote.

Tandis que Miles occupe Venom
avec son super-venin, Gwen retourne
au labo chercher son canon à ultrasons.
– Bouche-toi les oreilles ! conseille-t-elle à Miles.

Soumis aux vibrations de Gwen, le symbiote est obligé de se séparer du corps d'Eddie Brock. Venom n'est plus qu'une petite créature gélatineuse. Une fois que la police a emmené le vilain, Spider-Man reprend connaissance.

– Je vous l'avais bien dit qu'il y avait un monstre gélatineux ! dit la vieille dame en s'approchant.
– Qui est-ce ? demande Miles.
– Oh, juste une fan..., murmure Spidey.
En attendant, bravo ! Vous avez fait un vrai travail d'équipe !

MARVEL
AVENGERS

Ultron devient viral

– C'est une catastrophe : le monde entier est privé d'Internet ! annonce Iron Man aux Avengers.
– Hulk et Black Widow, renseignez-vous auprès de la police. Thor et Hawkeye, surveillez les hôpitaux, ordonne Captain America.

Tony Stark fait ensuite part de ce qu'il a découvert à Captain America.

– Ultron, l'intelligence artificielle maléfique, a introduit un virus dans le réseau mondial.

– Je sais comment l'arrêter, assure le soldat.

Sans perdre de temps, les deux Avengers
se mettent en route.
– Où allons-nous ? demande Iron Man.
– Dans la couronne de la statue de la Liberté.
C'est là que vit Captain Marvel, qui dirige
la Division Alpha.

La super-héroïne est déjà au courant de tout.
– Je m'occupe d'Ultron, déclare-t-elle à Iron Man et à Captain America. Retrouvez-moi au siège de la Division Alpha.
Puis elle s'élance dans le ciel.

Elle va si vite que même Steve Rogers et Tony Stark ont du mal à la suivre ! Bientôt, ils arrivent au quartier général de la Division Alpha, où travaillent les plus brillants scientifiques.

Captain America et Iron Man découvrent les lieux, équipés d'ordinateurs sophistiqués.

– Ils ont leur propre système de réseaux, c'est pourquoi ils peuvent fonctionner sans Internet, analyse Tony.

De son côté, Captain Marvel dirige les opérations :
– Gonzales, obtenez un canal crypté. O'Connell, lancez le protocole réseau offensif 616.
Iron Man regarde le code défiler sur les moniteurs.

– C'est une guerre numérique, explique-t-il à Steve. Captain Marvel cherche à tracer le virus de notre ennemi.

– Nous l'avons identifié ! se réjouit-elle. Maintenant, attendons qu'Ultron vienne jusqu'à nous.

Soudain, le mur derrière Captain America explose et Ultron apparaît.

– Vous n'arriverez pas à déjouer mon plan pour détruire la civilisation humaine, ricane-t-il en saisissant le bouclier de Steve.

– Mauvaise idée ! réplique ce dernier avant de le frapper.
Mais le robot est bien trop fort : il pousse Captain America à travers le trou dans le mur ! Le super-soldat tombe dans le vide.

Heureusement, il atterrit sans se blesser.
– Vous ne pouvez pas gagner contre moi, pauvres petits humains, se moque Ultron.
– Justement, je ne suis qu'à moitié humaine, le défie Captain Marvel.

– Je ne suis pas du tout impressionné, riposte Ultron.
Pour le faire taire, Captain Marvel lui donne
un coup de poing tandis que son lieutenant
appuie sur le bouton « EXÉCUTER ».

Quelques instants plus tard, le virus du robot est détruit.

– Ton virus est neutralisé, Ultron, le prévient Captain Marvel. Et toi aussi !

Elle lui assène un dernier coup si puissant qu'il est projeté dans l'espace !

– Alors ? demande Captain America
en rejoignant ses compagnons.
– Internet est réparé et Ultron a été arrêté,
résume Carol.
– Désolé, Steve, le taquine Iron Man,
voici la nouvelle capitaine des Avengers !

MARVEL

LES GARDIENS DE LA GALAXIE

Une perte embêtante

– Et mince, j'ai égaré mon Instigateur de Singularité ! se plaint Rocket avec mauvaise humeur. Heureusement que je l'ai équipé d'un traqueur... Je devrais pouvoir le retrouver facilement.

– Tu plaisantes ? s'affole Star-Lord. Nous sommes les Gardiens de la Galaxie, pas les Destructeurs Accidentels de l'Univers ! Ton Instigateur est dangereux, il est capable d'ouvrir des trous noirs.

Ignorant les réprimandes de Peter, Rocket se met en route pour la Terre. Selon le traqueur, c'est là que son appareil se trouve. Groot, son meilleur ami, a bien entendu tenu à être du voyage.

Le traqueur les conduit jusqu'à un désert reculé, où se trouve l'Avenger Hulk.
– Génial ! ronchonne Rocket. C'est lui qui a mon Instigateur, et il a l'air de mauvaise humeur… On va devoir user de la force.

– Je s'appelle Groot, confirme son ami en enroulant ses branches autour du géant vert.

– Pas toucher Hulk, proteste ce dernier. Laisser Hulk tranquille !

Il se débat tant qu'il fait éclater ses entraves !

– Comment vais-je pouvoir récupérer
mon Instigateur, maintenant ? se lamente Rocket.
– Je s'appelle Groot ? propose Groot.
– D'accord, accepte Rocket. Je vais essayer
de lui parler.

– Pourquoi attaquer Hulk ? s'étonne le géant vert.
– Parce que tu as volé notre Instigateur de Singularité ! crie Rocket.
– Hulk pas savoir, Hulk occupé à chercher ennemi !
– Dans ce cas, on va t'aider, décide Rocket.

Sur la route, le raton laveur lui décrit l'objet perdu.
– Hulk sait où est gadget !
– Parfait, mon pote ! se réjouit Rocket. Emmène-nous jusqu'à lui et on s'occupera ensemble de ton ennemi.

Hulk les guide jusqu'à un cratère dans lequel
se trouve un super-vilain, le Leader.
Dans sa main, il tient l'Instigateur de Singularité.
– Qu'est-ce que tu comptes faire avec ça ?
l'apostrophe Rocket.

– Prendre le monde en otage ou créer un trou noir pour détruire la planète, ricane le méchant.

– Arrêtons-le, déclare Rocket à ses amis.

– Hulk écrase ! confirme le colosse en se jetant sur le Leader.

Groot essaie de l'emprisonner, mais le méchant
active son champ de force qui repousse
l'arbre et le préserve des tirs de Rocket.
Alors que Hulk l'attaque par-derrière,
le Leader parvient quand même à l'esquiver.

Pendant que ses coéquipiers font diversion, Groot place un inverseur de gravité sur le front du Leader, qui se met à décoller du sol. De surprise, le méchant lâche l'Instigateur de Singularité !
– Hulk débarrassé de son ennemi, Hulk remercie ses amis ! s'écrie le super-héros.

– Et toi, tu nous as aidés à récupérer mon Instigateur.
Merci ! répond Rocket.
– Je s'appelle Groot, lui rappelle son ami.
– Oui, je sais, s'agace Rocket. Je vais le ranger
dans un endroit sûr, promis !

Directeur : Antoine Béon
Responsable éditoriale : Adélaïde Lebuy
Responsable artistique : Pauline Ortlieb
Édition : Naïma Timzouert
Fabrication : Marine Wiplier
Mise en page : Céline Trouvé
Adaptation des textes : Emmanuelle Caussé,
et Nicolat Jaillet pour *L'Attaque du symbiote*

Édité par Hachette Livre - 58 rue Jean Bleuzen, 92178 Vanves Cedex
Imprimé par Grafo, en Espagne - Achevé d'imprimer : Septembre 2022
ISBN : 978-2-01-714463-2 - Édition : 03 - Dépôt légal : septembre 2021

Loi n°49-956 du 16 juillet 1949 sur les publications destinées à la jeunesse.

Pour tout renseignement concernant nos parutions, nous contacter
par e-mail : disney@hachette-livre.fr